PUBLICATIONS DE LA RÉUNION DES OFFICIERS

MÉLANGES MILITAIRES
LVI. LVII. LVIII

ÉTUDES

SUR LE

SERVICE DES ÉTAPES

D'APRÈS

LES RENSEIGNEMENTS PERSONNELS
RECUEILLIS PENDANT LA GUERRE DE 1870-71 PAR UN OFFICIER
DE L'INSPECTION GÉNÉRALE BAVAROISE DES ÉTAPES

Traduit de l'allemand

PAR

COUTURIER
LIEUTENANT AU 55ᵉ RÉGIMENT

PARIS
CH. TANERA, ÉDITEUR
LIBRAIRIE POUR L'ART MILITAIRE ET LES SCIENCES
Rue de Savoie, 6

1872

ÉTUDES

SUR LE

SERVICE DES ÉTAPES

D'APRÈS

LES RENSEIGNEMENTS PERSONNELS
RECUEILLIS PENDANT LA GUERRE DE 1870-71 PAR UN OFFICIER
DE L'INSPECTION GÉNÉRALE BAVAROISE DES ÉTAPES

Traduit de l'allemand

PAR

COUTURIER

LIEUTENANT AU 55ᵉ RÉGIMENT

PARIS

CH. TANERA, ÉDITEUR

LIBRAIRIE POUR L'ART MILITAIRE ET LES SCIENCES
Rue de Savoie, 6

—

1872

ÉTUDES

sur le

SERVICE DES ÉTAPES

PUBLICATIONS DE LA RÉUNION DES OFFICIERS

I. — **L'Armée anglaise en 1871, au point de vue de l'offensive et de la défensive.** Brochure in-12. . . . . 25 c.

II. — **Organisation de l'armée suédoise. — Projet de réforme.** Brochure in-12. . . . . 25 c.

III-IV. — **Mode d'attaque de l'infanterie prussienne dans la campagne de 1870-1871**, par le duc GUILLAUME DE WURTEMBERG, traduit de l'allemand par M. CONCHARD-VERMEIL, lieutenant au 13ᵉ régiment provisoire d'infanterie. Brochure in-12. . . . . . . 50 c.

V. — **De la Dynamite et de ses applications pendant le siége de Paris.** Brochure in-12. . . . . 25 c.

VI. — **Quelques idées sur le recrutement**, par G. B. Broch. in-12. 25 c.

VII. — **Etude sur les reconnaissances**, par le commandant PIERRON. Brochure in-12. . . . . 25 c.

VIII-IX-X. — **Etude théorique sur l'organisation d'un corps d'éclaireurs à cheval**, par H. DE LA F. Brochure in-12 . . . 75 c.

XI-XII-XIII. — **Etude sur la défense de l'Allemagne occidentale, et en particulier de l'Alsace-Lorraine.** Traduit de l'allemand. Brochure in-12. . . . . 75 c.

XIV. — **L'armée danoise. — Organisation. — Recrutement. — Effectif.** Brochure in-12. . . . . 25 c.

XV-XVI-XVII. — **Les places fortes du N.-E. de la France, et essai de défense de la nouvelle frontière.** Brochure in-12. 75 c.

XVIII-XIX. — **Considérations théoriques et expérimentales au sujet de la détermination du calibre dans les armes portatives**, par J. L., capitaine d'artillerie. Brochure in-12 . . . . 50 c.

XX. — **Des bibliothèques militaires**, de l'établissement d'un catalogue et de la tenue des principaux registres. Brochure in-12. 25 c.

XXI-XXII-XXIII-XXIV. — **L'artillerie au siége de Strasbourg en 1870.** Notes recueillies par un officier de l'artillerie suisse, traduit de l'allemand par P. LANZILLIÈRE, capitaine d'artillerie. Brochure in-12 avec plan . . . . 1 fr.

XXV-XXVI. — **L'artillerie de campagne des grandes puissances européennes et les canons rayés.** Traduit de l'allemand par M. MÉERT, capitaine d'artillerie. Brochure in-12. . . . . . 50 c.

XXVII. — **Des canons et fusils à vapeur**, par J. L., capitaine d'artillerie. Brochure in-12. . . . . 25 c.

XXVIII-XXIX. — **La cavalerie de réserve sur le champ de bataille**, d'après l'italien, par FOUCRIÈRE, sous-lieutenant au 81ᵉ régiment. Brochure in-12. . . . . 50 c.

XXX. — **De la répartition de l'armée sur le territoire.** Brochure in-12 . . . . 25 c.

775 — Paris, Imp. H. Carion, rue Bonaparte, 64.

ÉTUDES

SUR LE

SERVICE DES ÉTAPES

D'APRÈS

LES RENSEIGNEMENTS PERSONNELS
RECUEILLIS PENDANT LA GUERRE DE 1870-71 PAR UN OFFICIER
DE L'INSPECTION GÉNÉRALE BAVAROISE DES ÉTAPES

Traduit de l'allemand

PAR

COUTURIER

LIEUTENANT AU 55ᵉ RÉGIMENT

PARIS

CH. TANERA, ÉDITEUR

LIBRAIRIE POUR L'ART MILITAIRE ET LES SCIENCES

Rue de Savoie, 6

—

1872

ÉTUDES

SUR LE

SERVICE DES ÉTAPES

INTRODUCTION.

Le petit travail suivant n'a d'autre but que de conserver intact en nous le souvenir d'une époque aussi intéressante que glorieuse et instructive. Loin de nous la prétention de remplacer le règlement; nous appuyant, au contraire, sur les mêmes bases, nous nous contentons de traiter la question des étapes en signalant les réformes d'organisation et d'application que les enseignements de la guerre de 1870-71 nous font souhaiter, et en nous étendant, bien que succinctement, sur le mécanisme et le fonctionnement de ce service.

Nous avons pris pour tâche de traiter d'abord l'organisation du personnel, et en second lieu l'action particulière des référents et des chefs de service. Nous avons ainsi démonté la machine, mais en fixant la relation qui doit exister entre le tout et les différentes parties, et déterminé de cette façon son perfectionnement général. Ce but atteint, nous considérerons notre tâche comme accomplie, et nous laisserons au lecteur le soin de se figurer comment les parties destinées à constituer le tout peuvent et doivent s'engrener, pour ainsi dire, l'une dans l'autre.

La question du personnel joue le plus grand rôle, et il

faut, si on veut la résoudre avec succès, en traiter minutieusement l'ensemble et les détails. Placé dans une position fausse et défectueuse, ce personnel serait plutôt une charge qu'un auxiliaire pour l'armée.

L'étude du service des étapes, extrêmement importante en elle-même et pour elle-même, n'a obtenu jusqu'ici, de la part de beaucoup de personnes, que peu d'attention et de considération.

En 1866, on s'est borné, dans l'Allemagne du Sud, à quelques essais insignifiants pour établir un service d'étapes sur les routes et les chemins de fer.

Les opérations, de courte durée d'ailleurs, ont eu un théâtre trop restreint pour que l'absence de ce service ait pu être sensible, et cette expérience n'a nullement contribué à faire doter l'armée d'une institution dont on n'avait pu reconnaître la nécessité.

A cette époque, le service des étapes était déjà organisé en Prusse et fonctionnait parfaitement. Il a été, depuis 1866, l'objet de nombreuses modifications, et, déjà avant le commencement de la guerre avec la France, différents états-majors allemands avaient préparé un règlement sur le service des étapes, basé sur les principes admis en Prusse. Ce règlement ne méritait qu'un reproche : celui de ne pas renfermer — ce qui, d'ailleurs, ne pouvait être — les enseignements de la grande guerre. Le système est bon et ne réclame que des modifications de détail ; mais ces détails ont une influence désastreuse sur le fonctionnement de l'ensemble. Le but du service des étapes est non-seulement de pourvoir les troupes en marche ou en station et celles qui voyagent par les voies ferrées, de tout ce qui peut leur être nécessaire, mais encore de s'occuper, en arrière de l'armée, de tout ce qui est relatif aux renforts en hommes et en matériel, aux établissements de malades et de convalescents, aux dépôts de chevaux, aux travaux du génie, aux services des postes, des chemins de fer, des télégraphes, à la justice militaire, etc..... Des obligations aussi compliquées exigent une organisation capable d'agir avec une précision mathématique. Le service de chacun, grand ou petit, doit être déterminé avec la plus rigoureuse exactitude, de manière à ne pas permettre le moindre doute. Il importe surtout de bien préciser les relations qui doivent exister entre le service des étapes, les ministères restés à l'intérieur et le commandement de l'armée. De toute cette organisation se dégagera un principe fondamental, c'est que tout ce qui se passe sur les derrières de l'armée doit être ordonné et dirigé par le service général des étapes.

PERSONNEL.

I. *Personnel d'une inspection générale des étapes.*

Si les exigences du service sont innombrables, les moyens sont restreints et défectueux, et l'on peut à peine se figurer l'infatigable activité que les différents organes doivent déployer pour remplir leurs fonctions.

La multiplicité et la diversité des objets exigés du service des étapes nécessitent la constitution d'une autorité supérieure ne relevant que du ministère de la guerre et du commandement de l'armée, et composée de spécialistes compétents. On peut l'appeler *inspection générale des étapes* ou *commandement général des étapes :* le nom ne fait rien à la chose.

Cette inspection générale des étapes est, pour ainsi dire, un ministère ambulant. Le commandant doit être général-major, ou mieux lieutenant général : il a pour le seconder deux bons officiers de l'état-major général, qui peuvent partager la responsabilité avec lui, signer et ordonner en son absence; il lui faut, en outre, un aide de camp pour diriger son bureau (*Diensteskanzlei*), et un officier d'ordonnance chargé des autres affaires, etc.....

Au-dessous d'eux se trouvent les référents et le personnel du bureau (*Kanzleipersonal*).

Il est indispensable, pour obtenir de bons résultats, que les référents soient choisis parmi les officiers et les employés qui se sont déjà signalés par leur intelligence, leur connaissance des langues, par des services distingués, ou parmi ceux qui font concevoir de semblables espérances.

Le ministère ne doit pas oublier, en constituant l'inspection générale, que ces emplois sont une marque de distinction.

Rien n'est plus désagréable pour un homme laborieux, intelligent et ambitieux que d'être forcé de travailler avec un personnel peu instruit et ayant la conception lente et difficile.

Chaque partie du service souffre isolément, et l'ensemble s'en ressent, parce que les exigences étant toujours les mêmes, le poids du travail, auparavant divisé entre tous, se reporte tout entier sur quelques individus, qui finissent par être accablés.

L'inspection générale ne doit pas posséder un personnel trop nombreux : il suffira d'avoir comme référents :

1 officier supérieur du génie, commandant les troupes, les travaux du génie, etc...;

1 officier supérieur d'artillerie, chargé de ce qui a rapport à l'artillerie;

1 employé supérieur d'administration comme référent, avec :

3 employés subalternes pour le service des vivres (service intérieur);

2 employés du trésor;

1 médecin d'état-major, référent du service de santé;

1 vétérinaire supérieur, référent du service des dépôts de chevaux;

1 auditeur chargé de l'administration de la justice sur les lignes d'étapes;

1 employé supérieur des postes;

1　　id.　　technique des chemins de fer;

1　　id.　　id.　des télégraphes;

1 employé civil (commissaire civil) comme intermédiaire entre l'inspection générale des étapes et les autorités civiles supérieures.

A cela il faut ajouter:

1 secrétaire et

5-6 scribes chargés des écritures relatives aux opérations, à l'administration et à la justice.

Tous ces officiers devront être montés. L'officier d'état-major n'aura besoin que de deux chevaux de selle; l'officier d'ordonnance aura trois chevaux de selle et de trait. Pour le reste du personnel administratif et technique, il suffira d'adopter des omnibus commodes à quatre chevaux.

Les voitures de transport seront:

1 voiture du trésor;

1 voiture pour les bagages des officiers;

1 fourgon pour une presse autographique et les fournitures de bureau.

Les voitures et leur personnel — conducteurs et palefreniers — seront sous la surveillance spéciale de l'officier d'ordonnance, auquel on adjoindra un bon sous-officier du train.

Le personnel d'une inspection générale des étapes se composera ainsi de:

20 officiers et environ 40 sous-officiers et soldats.

Cet état-major central sera chargé de la direction générale du service: il aura sous ses ordres:

1° Tous les commandements d'étapes;
2° Les dépôts de chevaux (*marode-depots*);
3° Les hôpitaux principaux et les ambulances de campagne;
4° Toutes les troupes d'étapes : infanterie, cavalerie et troupes spéciales;
5° Les dépôts de munitions de réserve;
6° La justice militaire dans les étapes.

Plus :

1° Les détachements de troupes de chemins de fer et de télégraphes de campagne, qui se composent d'employés et d'ouvriers civils;
2° Le service des postes dans les étapes.

II. *Personnel des commandements subordonnés à l'inspection générale des étapes.*

Pendant la campagne de 1870-71, les ministères de la guerre prussien et bavarois ont établi sur les routes et les chemins de fer des commandements d'étapes et des dépôts de chevaux en nombre suffisant, mais pas à pas, comme corps numérotés et dépendant les uns des autres.

Ce système ne serait pas à adopter une autre fois; mais l'inspection générale des étapes aurait à sa disposition, en qualité de commandants ou d'adjudants, des officiers habiles et énergiques, dont le nombre serait déterminé par la durée probable de la guerre et l'étendue du théâtre des opérations, ainsi qu'un personnel suffisant d'employés d'administration et de secrétaires.

Ce nouveau système serait basé sur les raisons suivantes :

Il est arrivé souvent, pendant cette guerre, de n'avoir qu'un personnel insuffisant pour les commandements d'étapes répandus sur une certaine étendue de terrain : on était alors contraint de le fusionner avec le personnel d'un autre commandement, qui se trouvait alors dispersé et incapable d'agir; il est arrivé aussi d'affecter à certains commandements un personnel plus nombreux que les circonstances ne l'exigeaient.

En outre, l'importance des différents commandements est fort variable ; un personnel médiocre suffira dans un commandement, tandis qu'un autre exigera un personnel d'élite.

Il y a eu, dans la dernière guerre, certains commandements d'étapes (Lonjumeau, Melun, etc...) dans lesquels deux officiers suffisaient largement, tandis que d'autres (Corbeil, Nancy, etc...) occasionnaient un travail énorme pour lequel il en fallait au moins cinq ou six.

L'inspection générale des étapes fera une répartition plus juste et plus économique du personnel. Ainsi, quel besoin un commandement ordinaire d'étape, situé sur une route sans magasin, a-t-il d'un employé d'administration?

Que le commandant et l'adjudant dirigent la comptabilité courante ; ce n'est pas trop exiger des officiers que de demander à chacun d'eux les connaissances administratives nécessaires pour ce service.

« Tant que le personnel des étapes est disponible, il dépend administrativement de la caisse des étapes : les commandements constitués règlent leurs affaires administratives sous la surveillance de l'inspection générale des étapes. »

Il suffit de quelques pièces de comptabilité élémentaires, d'un tarif simple et de quelques formules.

Il faut, de toute nécessité, un nombre considérable d'employés des magasins ; l'Allemagne du Sud n'en avait qu'un petit nombre, et elle a beaucoup souffert de cette insuffisance. Nulle part il n'y avait assez d'employés, et, malgré les auxiliaires qu'on prenait de tous les côtés, on n'atteignait jamais le but qu'en partie. Les résultats auraient été bien plus mauvais encore, si la main amie de la Prusse n'était venue souvent à son secours. Les employés des magasins n'ont pas besoin de connaître la haute administration : il suffit que ce soient des hommes honorables, probes et connaissant un peu les denrées. Ils diffèrent beaucoup des employés attachés aux régiments ou aux états-majors. La Prusse les recrute généralement parmi les employés de commerce, ne les nomme, la plupart du temps, que pour la durée de la guerre, et en tire de grands services.

Outre les commandements d'étapes situés sur les routes et les chemins de fer, il y en a encore aux points de départ et d'arrivée des lignes d'étapes. Nous allons définir ces différentes sortes de commandements.

Les *étapes de terre* (*landetappen*) sont établies dans les endroits qui ne communiquent avec l'armée que par des routes ordinaires ; les passages ne s'y succèdent qu'avec une certaine lenteur. Elles expédient leurs affaires plus facilement, et ne nécessitent qu'un personnel peu nombreux.

Il en est autrement des *étapes de chemin de fer* (*eisenbahnetappen*) : le mouvement y est incomparablement plus grand, les difficultés de toute nature augmentent ; aussi doit-on y mettre un personnel plus considérable ; nous reviendrons d'ailleurs sur ce sujet dans le paragraphe relatif aux commandements d'étapes.

Par *points de départ des lignes d'étapes* on entend les plus grands centres d'embarquement, et par *têtes d'étapes*, les stations de débarquement. La position de ces derniers points est déterminée par la ligne de marche de l'armée ; ces deux espèces de commandements peuvent, dans le cours des opérations, être transformés en commandements ordinaires. D'ailleurs la diversité des dénominations est une mauvaise chose, et il serait à désirer que tous les commandements fussent désignés sous les noms de : *commandement d'étapes*.

Jusqu'ici, chaque corps a eu également une *inspection d'étapes*, comme intermédiaire entre l'inspection générale des étapes et les différentes étapes situées dans les rayons du corps.

Les points de départ des lignes d'étapes et les têtes d'étapes sont naturellement désignés, au commencement de la guerre ou des mouvements des troupes, par le ministre de la guerre ; ils doivent posséder un personnel suffisant ; mais dans la suite, l'inspection générale des étapes aurait seule le droit d'y toucher. Les inspections d'étapes des corps d'armée sont à supprimer complétement ; il est nécessaire, pour la rapidité de la transmission des ordres, que ces ordres viennent immédiatement de l'inspection générale des étapes. L'inspecteur général s'aperçoit promptement de la bonne ou de la mauvaise gestion d'un commandement ; il est, en outre, libre de passer lui-même des inspections en se faisant accompagner de tel ou tel référent ou chef de service, ou de les faire passer par les référents.

La méthode de désignation *en masse* (sic), employée pour les officiers et les employés militaires qui doivent être attachés aux étapes, serait aussi excellente pour les employés supérieurs de l'administration civile (commissaires civils).

On n'en a tiré qu'un médiocre parti dans la campagne de 1870-71. La faute en est en partie à la répartition permanente de ces employés entre les commandements des têtes des lignes d'étapes. Quel avantage inappréciable pour une armée concentrée ou en marche, d'avoir derrière elle des mains exercées qui savent réunir les fils disloqués de l'administration civile, traiter en connaissance de cause et sur des données statistiques un pays occupé, en tirer des contributions, utiliser ses forces matérielles, et établir ainsi un ordre rigoureusement indispensable, ou tout au moins empêcher un fâcheux désordre.

Il est arrivé souvent dans les dernières guerres que les réquisitions faites par les soins des détachements et des états-majors, ont duré plus longtemps que la marche ou que les premiers moments de l'occupation d'une position. Nous avons souvent fait des réquisitions pendant trop longtemps, et il en résulte : 1° beaucoup de malveillance et d'animosité de la part de la population ; 2° une grande rareté des denrées, et une augmentation incroyable des prix.

Quand on voit qu'une guerre prend une tournure favorable, il faut payer comptant les denrées qu'on est forcé de prendre en pays ennemi ; il est facile, par la suite, de rentrer dans ces dépenses, et on a l'avantage de trouver beaucoup plus facilement à s'approvisionner.

Notre système de réquisitions a causé inutilement la perte d'une masse de denrées, principalement en fourrages et en boissons. Il serait bon, dans la suite, de ne confier ce service qu'à des commissaires civils. Dès que nos troupes occuperaient une étendue de pays à peu près égale à un cercle administratif, on y installerait un commissaire civil qui saisirait les rênes de l'administration et sauvegarderait les intérêts des communes et des particuliers de son cercle. La force sera représentée et employée, le cas échéant, par les troupes destinées à garder les routes d'étapes ou par d'autres troupes.

Il faut emmagasiner les denrées qu'on a réussi à obtenir des communes, etc..... Cette opération est traitée dans un autre chapitre.

Le personnel des dépôts de chevaux, consistant en commandants, vétérinaires, maréchaux ferrants et sous-officiers de cavalerie, a rendu dans la campagne de 1870-71 des services satisfaisants ; toutefois il serait bon, à l'avenir, de le mettre aussi *en masse* à la disposition du service des étapes.

Il n'en est pas de même des hôpitaux de réserve (*hôpitaux principaux et hôpitaux d'admission*), placés sous la direction du service des étapes. L'inspection générale doit recevoir complétement formés et outillés les détachements qui leur sont destinés.

Il est absurde, pour plusieurs raisons, d'avoir des ambulances sans attelages, car elles ne peuvent ni se mouvoir, ni rendre aucun service ; on est revenu de cette chimère pendant la campagne, et on en a attelé la plus grande partie.

L'inspection générale des étapes doit également avoir des médecins à sa disposition.

Il n'est ni nécessaire ni utile que le personnel disponible pour le commandement d'étapes et les dépôts de chevaux suive tous les mouvements de l'inspection générale des étapes ; cette manière de faire ne peut que diminuer la mobilité de l'inspection, tout en ne donnant que des résultats insignifiants. Il vaut beaucoup mieux, au contraire, laisser ce personnel à quelques marches en arrière, sous le commandement du plus ancien, en conservant un commandement constitué sous la main, pour parer aux besoins immédiats.

Le personnel disponible ne reçoit naturellement aucune voiture de l'État ; il doit profiter des chemins de fer ou employer des voitures de réquisition. La plus grande partie du personnel des chemins de fer et des télégraphes est généralement désignée, au commencement de la guerre, par les ministères correspondants, d'accord avec le ministère de la guerre. Quand par la suite il faut l'augmenter ou le recruter, ces opérations se font sur la réquisition du commandement de l'armée, de l'inspection générale des étapes ou de la commission centrale des chemins de fer. Cette fraction du personnel du service des étapes est dans les mêmes conditions que les autres, mais elle est sous les ordres directs du référent du service des postes.

Un ministère prévoyant doit s'occuper, même en temps de paix, de toutes les opérations de la mobilisation d'une armée ; mais on ne saurait trop recommander de choisir pour commandants d'étapes des hommes instruits, énergiques et complétement aptes à ce service.

Qu'on réfléchisse au travail et à la responsibilité immenses qui leur incombent, surtout en pays ennemi! qu'on n'oublie pas qu'ils sont dépositaires d'une autorité souvent appuyée par de faibles forces; qu'ils doivent représenter et imposer le respect. En 1870-71, la Prusse et la Bavière ont souvent fait fausse route. On a vu dans ces emplois des vieillards à cheveux blancs, ayant à peine les forces physiques et intellectuelles nécessaires pour pouvoir vivre dans des conditions normales; et ces hommes devaient servir dans des conditions extraordinairement difficiles! C'était trop demander. — Un ministère peut avoir de la peine à constituer pendant la guerre le personnel nécessaire, mais il ne saurait jamais trop préparer pendant la paix un choix judicieux pour se constituer, dans la mesure permise par les circonstances, un semblable personnel.

III. *Troupes d'étapes.*

L'inspection générale des étapes a à sa disposition des troupes spéciales, de l'infanterie et de la cavalerie.

Leur force est déterminée par la longueur des lignes d'étapes ; elles sont employées :

1° A l'exécution de tous les travaux techniques nécessaires sur les lignes d'étapes et en arrière du front de l'armée ;

2° A assurer la sûreté des lignes d'étapes.

Les troupes spéciales consistent en :

a : détachements de chemins de fer de campagne, composés en partie d'ouvriers militaires, en partie d'ingénieurs civils spéciaux; ils sont chargés de rétablir les voies détruites et de construire de nouvelles lignes;

b : détachements de télégraphes de campagne, composés d'une manière identique,

c : quelques compagnies du génie, destinées à aider les détachements ci-dessus, ou à travailler isolément à la construction des rampes ou des routes, aux bois de construction, etc....

Les troupes spéciales ne manqueront jamais de travail pendant une guerre.

Les troupes de sûreté comprennent surtout de l'infanterie et un peu de cavalerie; elles appartiennent principalement à la landwehr; leur force est déterminée par l'état moral du pays occupé et par la longueur des lignes d'étapes.

Dans les conditions ordinaires, 1,000 hommes — environ un bataillon — peuvent occuper huit heures de route.

On ne doit pas les regarder comme l'appui personnel des établissements d'étapes ; elles servent surtout à faire exécuter par la terreur les ordres donnés, à faire dans les villes et les localités occupées le service de surveillance, à conduire les convois de prisonniers aux points d'embarquement et de concentration, à protéger les convois de munitions et de vivres, ainsi que le service des postes, à faire de petites expéditions contre les bandes de francs tireurs ; on en fait même, s'il le faut, et ce cas s'est présenté fréquemment dans la dernière guerre, des infirmiers, des cuisiniers dans les hôpitaux, des facteurs, des postillons, des ouvriers pour les chemins de fer, des mécaniciens, des employés des télégraphes, des maçons, des charpentiers, des paveurs, des forgerons, etc...; elles peuvent être et ont été employées à tout. « La faim chasse le loup du bois, » dit un vieux et sage proverbe, et en pays étranger, il surgit, derrière une grande armée, des difficultés imprévues et inévitables qu'il faut surmonter.

La cavalerie n'est que peu employée, et principalement pour le service d'ordonnances ; elle est très-utile aux commandements d'étapes qui ne sont pas sur un chemin de fer

ou à portée d'une station télégraphique ; elle rend de grands services dans les réquisitions importantes destinées à former les magasins. La Bavière n'a employé, dans la dernière guerre, qu'un escadron au service des étapes ; c'était insuffisant, et il aurait fallu au moins un régiment.

Il sera bon de toujours laisser à la disposition de l'inspection générale, pour les cas imprévus, un peloton ou un demi-peloton de cavalerie d'étapes, stationné dans sa résidence.

Dans la campagne de 1870-71, la cavalerie d'étapes a subi proportionnellement trois ou quatre fois plus de pertes que celle qui était devant l'ennemi. Cela tient à ce qu'elle marche toujours par petites fractions ; mais il est impossible de faire autrement.

La Prusse a consacré au service des étapes les régiments de cavalerie de réserve formés au commencement de la guerre ; elle n'a ainsi enlevé aucune force à l'armée active et a été bien servie. On ferait bien d'agir de même en Bavière.

La cavalerie d'étapes peut également remplir les mêmes fonctions que la gendarmerie de campagne, dans les étapes où il y a un grand mouvement.

L'inspection générale des étapes a aussi à sa disposition quelques dépôts mobiles de munitions de réserve destinées à l'armée.

SERVICE DE L'INSPECTION GÉNÉRALE DES ÉTAPES.

1. *Inspection générale des étapes.*

L'action de l'inspection générale des étapes commence avec la marche de l'armée en avant ; elle veille à la formation, aux points de concentration, des magasins qui peuvent seuls assurer le nécessaire aux troupes. Elle n'intervient ni dans les mouvements et transports de l'armée, qui sont dirigés par l'état-major général et la commission des chemins de fer, ni dans l'alimentation des troupes de passage dans les stations des chemins de fer ou dans les gîtes d'étapes, pendant la marche en avant.

Les commandements nécessaires pour assurer ce service sont constitués par le ministère de la guerre, et ils ne sont placés qu'après la marche en avant sous les ordres de l'inspection générale, qui en forme, en cas de nécessité, des commandements d'étapes de chemins de fer.

L'inspection générale des étapes se trouve ordinairement à deux jours de marche en arrière du front de l'armée; elle doit constamment communiquer avec le commandement en chef.

L'inspecteur général des étapes donne l'impulsion générale; il examine, avec l'aide de son officier d'état-major, les projets et les rapports présentés par les référents, détermine la direction des lignes d'étapes, l'emploi du personnel, ordonne les opérations nécessaires, etc., et veille à ce que chaque référent reste dans les limites de son service et à ce que les travaux qui intéressent plusieurs services soient réglés par des commissions composées des référents de ces différents services; en un mot, il doit tout diriger sans vouloir tout faire lui-même; il a également le droit de passer des inspections ou d'en faire passer par les référents.

Il donne directement ses ordres à ses subordonnés, soit par écrit, soit par le télégraphe, des deux manières à la fois quand la deuxième ne présente pas toutes les conditions de sûreté nécessaires. En principe, on ne communique aux commandements subordonnés que ce qu'ils doivent savoir; on évite ainsi pour soi-même un surcroît d'écritures, et l'on diminue le nombre des erreurs et des malentendus. Il faut enfin exiger l'exécution rigoureuse et complète des ordres, et sévir sans ménagement contre les fautes.

II. *Officier de l'état-major général.*

Il a pour mission de mettre les travaux isolés de chaque référent en harmonie avec l'ensemble du service; il a en main la grande direction. Il travaille avec les référents, mais sans oublier qu'il n'est pas référent; dans le cas contraire, il s'embarrasse d'une multitude de détails, et, à force de vouloir tout faire ou tout aider, il perd de vue les grandes choses.

Donner à chacun une liberté d'action proportionnée à ses devoirs, voilà le meilleur moyen de combattre l'inertie et l'esprit de routine, et d'exciter l'émulation.

III. *Adjudant.*

Il dirige le service de la chancellerie; il a en outre une source féconde d'occupations dans la rédaction des pièces relatives au service en général, au personnel, à l'organisation des étapes, des troupes d'étapes, au service des nouvelles, des renseignements et de l'espionnage; il surveille en outre la correspondance et la tenue du journal et des registres.

IV. *Officier d'ordonnance.*

L'officier d'ordonnance surveille les services d'ordonnances entre l'inspection générale des étapes, l'armée et le commandement de l'armée, etc. Il fait le logement dans les marches et s'occupe principalement du personnel inférieur, des chevaux et des voitures. Ces fonctions ne l'empêchent pas d'être employé de temps en temps au service de la chancellerie; il est en outre référent du service des parcs attachés à l'inspection générale des parcs, et veille surtout à les entretenir et à les compléter.

V. *Intendance.*

L'employé supérieur d'administration s'appelle *intendant*

et constitue avec ses subordonnés une chancellerie. Son service, des plus importants, est celui qui réclame le plus de travail. Il faut toujours, à cette place, un esprit lucide et clairvoyant, joignant à la connaissance de la comptabilité beaucoup d'aptitude et de pratique. Le rassemblement des vivres et des objets nécessaires à une armée est une question dont la solution dépend de mille circonstances et qui demande à être traitée avec un véritable génie.

Plus une armée va loin, plus la distance qui la sépare de son point de départ augmente. C'est dans cet intervalle que se trouvent les routes d'étapes. Les chemins de fer ne doivent jamais être employés seuls comme routes d'étapes : ils sont sujets à trop de causes de destruction. Ce sont des instruments magnifiques qui seuls permettent de conduire une guerre avec autant de rapidité et de puissance que la dernière. Les chemins de fer sont, en arrière d'une armée, comme des artères qui amènent la vie ; mais la valeur des communications par les routes n'a pas diminué, et l'on doit toujours être à même de pouvoir les employer.

L'armée en marche doit toujours faire des réquisitions et préparer ainsi les moyens de faire face aux nécessités imprévues ; les colonnes mobiles de vivres mènent à sa suite ce qui lui est nécessaire. L'inspection générale des étapes, ou plutôt son intendance, prépare pour ces colonnes de vivres des magasins de marche, qui ne doivent pas être trop en arrière, et qui sont petit à petit poussés jusqu'aux points les plus propres à les recevoir. Ces magasins dépendent de l'inspection générale des étapes, qui leur attache un nombre suffisant d'employés des magasins et d'ouvriers, et surveille leur gestion par des rapports et des inspections.

Avant d'entreprendre la formation de grands magasins, on doit avoir la certitude de pouvoir rassembler de grandes quantités de denrées et de pouvoir les faire transporter dans toutes les directions. Il faut, à cet effet, organiser à temps de bons parcs de transport. Cette importante question mérite une étude spéciale.

Plusieurs États ont une loi de conscription pour les chevaux : la Bavière est du nombre de ceux qui ne possèdent pas cette institution. Dans les premiers, l'État lève les chevaux et fournit des voitures et des conducteurs, pris en général dans la landwehr ; on place ordinairement deux cents voitures sous les ordres d'un ancien officier subalterne, aidé de quelques sous-officiers (qui sont souvent, en Prusse, de jeunes propriétaires), de soldats du train montés, de maréchaux ferrants et de selliers. Cette institution est excellente, parce qu'elle permet d'avoir des colonnes prêtes à marcher en même temps que l'armée.

Une partie de ces parcs marche avec les corps; l'autre (la plus forte en général) reste sous les ordres de l'inspection générale des étapes. La consommation de ces parcs, en hommes et en matériel, est très-grande, car ils sont toujours en marche, même par les temps les plus rigoureux; ils ne cantonnent que rarement et ont, la plupart du temps, des vivres médiocres et préparés à la hâte. Ce n'est pas un service facile que d'être sur les routes chaque jour, souvent jusqu'au milieu de la nuit, exposé à toutes les intempéries, travaillant constamment à soigner des chevaux fatigués, et de rester des mois entiers sans coucher sous un toit et sans prendre un bon repas.

Les commandements d'étapes peuvent beaucoup pour remédier à ces tristes nécessités : dans la dernière guerre, on n'a pris, de la fin de septembre au commencement de janvier, aucune mesure à cet égard.

Quand les parcs sont insuffisants, le commissaire civil et l'inspection générale des étapes demandent l'envoi de nouveaux renforts ou forment des parcs avec des voitures réquisitionnées dans le pays ennemi ; dans ce dernier cas, le commissaire civil donne les ordres nécessaires.

Il s'entend avec tous les nouveaux employés civils du pays qui doit fournir les voitures de réquisition ; ceux-ci font faire les réquisitions par les autorités locales, en se faisant aider, s'il le faut, par les troupes d'étapes; les voitures se réunissent à un endroit déterminé par le commandant d'étapes ; ce dernier veille à l'entretien du parc, se fait donner des reçus de ce qu'il lui fournit, et l'expédie immédiatement, avec une escorte suffisante, au lieu de résidence du parc.

En agissant autrement, on risquerait de n'avoir que la moitié des voitures demandées, et encore les voituriers échangeraient en route ce qu'ils auraient de bon contre ce qu'ils pourraient trouver de plus mauvais. Les autorités locales trouvent mille prétextes pour repousser toute responsabilité, et à quoi servent alors toutes les punitions et toutes les amendes possibles? Ce n'est pas avec de l'argent ou des billets qu'on fera des transports sans voitures. Les réquisitions ont laissé beaucoup à désirer pendant la dernière guerre, mais la faute en est plus aux individus qu'au système lui-même.

Quand on réquisitionne, en pays ennemi, des centaines, des milliers de voitures, on doit s'occuper de leur donner une garde suffisante, de nourrir leurs conducteurs, de leur distribuer en hiver des vêtements chauds et un petit salaire. La garde et la conduite de ces parcs sont confiées à des officiers et à des employés.

Il faut éviter, autant que possible, de retenir trop longtemps les mêmes individus. On arrive ainsi à les faire rester plus volontiers et à avoir, par un renouvellement fréquent, des voitures et des harnais en meilleur état.

L'intendant et l'officier d'état-major doivent connaître à fond la force de leur parc et les services qu'il est susceptible de rendre, afin de ne donner, pour le transport des vivres dans toutes les directions, que des ordres exécutables. Il ne suffit pas de donner des ordres et de dire : « Il y aura à tel et tel endroit des magasins qui fourniront tant et tant aux différents corps de l'armée. » Malgré ces ordres, les détachements arrivent et trouvent à peine de quoi faire manger leurs chevaux, et il en est ainsi pendant trois et quatre jours, jusqu'à ce que le magasin, qui se remplit lentement, puisse satisfaire aux exigences du service.

Ce cas s'est présenté, et nous n'inventons pas cet exemple. Si l'on avait su apprécier à temps les services que peuvent rendre les chemins de fer et les parcs, on aurait agi quelques jours de plus d'après l'ancienne méthode, et l'on aurait évité une grande partie des inconvénients de cette situation. Les intendants ne doivent pas commettre de pareilles fautes, mais ils y sont amenés fatalement par le manque de connaissances pratiques.

Les emplacements des magasins sont déterminés en partie par le commandement de l'armée, en partie par l'inspection générale des étapes ; cette dernière s'occupe, dans tous les cas, du mode de formation.

L'auteur cherche en vain à s'expliquer pourquoi, dans la campagne de 1870-71, l'inspection générale des étapes et la commission centrale des chemins de fer, restée à l'intérieur, n'ont pas eu entre elles plus de relations de service. A son avis, l'entente entre ces deux autorités, et leur communauté d'action seraient très-profitables à l'armée, car la première s'occupe des transports et des rassemblements, et la seconde dispose des moyens nécessaires. Si, par exemple, une inspection générale des étapes veut faire venir de l'intérieur 40,000 quintaux d'avoine, et si elle ignore complétement combien de temps ce convoi doit rester en route, elle peut commettre, dans ses calculs, des erreurs qui retombent sur tout le système d'alimentation. La commission centrale des chemins de fer peut seule la renseigner à cet égard, par l'intermédiaire des commissions de lignes qui lui sont subordonnées.

Ceci n'est qu'un exemple, et l'on en trouverait bien d'autres si l'on voulait rechercher les cas qui se sont présentés ou qui auraient pu se présenter. Nous ne voulons cependant juger ni condamner personne, et nous espérons que dans la suite les pouvoirs de ces deux autorités seront mieux définis.

L'intendance doit recevoir de fréquents rapports sur les magasins et sur les établissements attachés au service des vivres. Elle doit toujours avoir en magasin des quantités de vivres suffisantes pour que les interruptions causées dans l'approvisionnement par les transports de prisonniers, par les grandes évacuations, etc., soient aussi peu sensibles que possible. Elle est en outre chargée de l'entretien des troupes d'étapes et des détachements de troupes spéciales, en vertu du principe qui veut que « l'homme soit entretenu par celui qui l'emploie, les demi-mesures n'amenant que des erreurs. » Ce principe s'applique tout spécialement aux troupes spéciales composées d'éléments civils.

L'intendance ou l'inspection générale des étapes a encore à déterminer, d'accord avec le ministère de la guerre, les emplacements des dépôts d'habillement et d'équipement. Il n'est pas nécessaire que ces magasins soient aussi rapprochés de l'armée que les premiers; on les placera, autant que possible, dans le voisinage immédiat d'une ligne de chemin de fer conduisant sur les derrières de l'armée.

Les vivres se divisent en deux catégories : la première catégorie se compose des vivres qui constituent l'alimentation normale; — c'est ce qu'on appelle la *ration sèche* (*Eiserner Bestand*); — la deuxième catégorie se compose des vivres qui peuvent être distribués d'une façon auxiliaire.

La viande fraîche, qui appartient à la première catégorie, doit être, autant que possible, de la viande de bœuf; elle est souvent rare et coûteuse, mais ces inconvénients sont largement compensés par le bien-être qui en résulte pour l'armée. La viande de mouton, souvent vantée dans la dernière guerre, est celle qui la remplace le plus avantageusement, et bien mieux surtout que les conserves, dont on se fatigue bien vite.

L'alimentation de l'armée est une chose importante, qui demande à être traitée en grand; les complications de détail ne peuvent que l'entraver. Que tous les détails soient donc bannis du domaine de l'intendance et laissés aux emplois inférieurs.

Suivant les circonstances, l'autorité militaire passera des marchés ou achètera elle-même. Dans tous les cas, le premier système est le plus commode, mais il porte une grave atteinte à l'indépendance de l'autorité militaire, en encombrant souvent les chemins de fer et les routes, et l'on doit naturellement avoir de grands égards pour les fournisseurs.

VI. *Référent du génie.*
VII. *Employés supérieurs des télégraphes.*
VIII. *Des chemins de fer.*

Le référent du génie a sous ses ordres toutes les troupes spéciales. Il fait les projets et propose l'exécution des travaux nécessités par les opérations ou l'alimentation de l'armée, et s'occupe surtout de l'établissement et de l'entretien des chemins de fer et des télégraphes situés sur les derrières de l'armée.

Il a pour conseillers adjoints et pour inspecteurs des lignes des employés supérieurs techniques des chemins de fer et des télégraphes.

Ces employés étant responsables de l'exécution pratique,

on doit prendre en considération leur avis sur la répartition et l'exécution des travaux. Quand il faut faire de grandes constructions dans les lieux d'étapes, — hangars pour les parcs, abris pour les troupes, baraques d'hôpital, etc., — on soumet les projets au référent du génie, qui juge de leur valeur et donne, suivant les circonstances, des travailleurs pour les exécuter.

Le référent du génie a une action très-étendue, et il doit être doué d'un esprit clairvoyant et d'une application infatigable.

Quels travaux auront à exécuter les troupes sous ses ordres? Comment doivent-elles être outillées et équipées pour rendre le plus grand effet utile en aussi peu de temps que possible? Nous ne pouvons répondre d'une manière précise à ces questions, dont la solution varie suivant les circonstances.

IX. *Référent du service de santé.*

L'inspection générale des étapes a également sous ses ordres un certain nombre d'hôpitaux. Ces hôpitaux, situés en arrière de l'armée et le plus près possible des routes d'étapes, doivent servir à l'admission immédiate des malades que les hôpitaux mobiles de campagne évacuent soit pour avoir des places, soit parce qu'ils ne peuvent pas traiter les maladies dont ces malades sont atteints. Ils doivent pouvoir contenir environ un vingtième de l'armée.

L'inspection générale des étapes, les commandants d'étapes, les officiers d'état-major et le référent du service de santé déterminent les emplacements des hôpitaux, en choisissant les points les plus avantageux pour l'armée. A certains moments, ils reçoivent beaucoup de monde, comme après de nombreuses et sanglantes batailles ou en cas d'épidémie.

Les commandants des hôpitaux doivent donc s'entendre

avec les commandants d'étapes ou avec le commissaire civil qui remplit les fonctions d'employé supérieur d'administration, et demander leur concours pour se procurer des locaux suffisants et sains; ils cherchent, autant que possible, à mettre la contenance de leur établissement en rapport avec l'importance de leur personnel médical.

Cependant le nombre des convalescents, des malades et des blessés transportables augmente rapidement; les entrées sont plus nombreuses que les sorties, et l'évacuation sur les hôpitaux situés plus en arrière ou à l'intérieur devient nécessaire. Quand l'hôpital est établi dans une ville située sur un chemin de fer, c'est une opération facile : les malades sont portés dans les wagons par les voitures de l'hôpital, et ce dernier leur fournit tout ce qui leur est nécessaire, leur nourriture et des médecins d'escorte; mais il en est autrement quand un hôpital, — il le faut quelquefois, — forcé d'évacuer jusqu'à 300 malades par jour, se trouve, comme celui de Corbeil, à trois grandes journées de marche du chemin de fer.

Nous tenons à décrire l'hôpital de Corbeil, parce que nous le connaissons, et que les circonstances particulières dans lesquelles il se trouvait se reproduiront forcément dans la prochaine guerre.

Corbeil était sur la route d'étapes de la troisième armée, alors sous Paris. La ville renfermait un hôpital principal bavarois et un hôpital de campagne, le premier de 600 places, le second de 300. Il y avait en outre, sur la rive droite de la Seine, à Etiolles (une demi-heure de Corbeil), un autre hôpital principal, et à Coudray (une demi-heure S.-E. de la ville), un hôpital de campagne prussien. Corbeil renfermait de plus quelques grandes maisons dans lesquelles les infirmiers volontaires (chevaliers de Saint-Jean) recevaient les hommes légèrement malades, et plusieurs *maisons de rassem-*

blement (*Sammelhaüser*), sur lesquelles nous reviendrons plus tard.

Tous les hôpitaux établis dans Corbeil ou aux environs avaient presque doublé leur contenance en s'emparant de quelques locaux favorables et en réquisitionnant avec zèle du matériel d'hôpital : ils pouvaient renfermer et ont souvent renfermé 4,000 malades.

Corbeil était également un lieu de séjour du parc de voitures de réquisition de l'inspection générale prussienne, et plus tard du parc de l'inspection bavaroise, chargés de transporter les vivres de Lagny à Versailles et à Chatenay.

Toutes les colonnes allant sur Lagny et sur Nogent-l'Artaut étaient chargées de malades à Corbeil et servaient ainsi à l'évacuation.

Chaque jour, pendant l'automne et pendant tout l'hiver, il passait des colonnes de 60 à 200 voitures, et cependant ces énormes transports ne suffisaient souvent pas, et on était forcé d'employer à ce service les voitures des hôpitaux.

Il est impossible de s'imaginer les souffrances endurées par les malades et les blessés dans ces marches de deux à trois jours sur des charrettes et dans la saison la plus rigoureuse ; mais laissons la pitié de côté, et réjouissons-nous d'abord d'avoir pu les évacuer. Les faits qui se sont passés à Corbeil montrent combien l'évacuation est nécessaire à la guerre et combien il est indispensable de bien l'organiser.

Ce n'est là qu'un des devoirs du référent du service de santé attaché à l'inspection générale des étapes. Dès l'établissement des hôpitaux, il doit s'assurer de l'existence des moyens d'évacuation et ne rien livrer au hasard. Il doit également veiller à ce que les commandants des étapes traversées par des convois de malades leur donnent des abris et des vivres convenables. Quand ces étapes ne renferment pas d'hôpital militaire, elles doivent posséder des médecins et un personnel médical; si elles renferment des hôpitaux, c'est à eux à inspecter le convoi et à déterminer quels sont les malades devenus non transportables. On ne doit surtout rien épargner quand il s'agit des malades, et le devoir de l'État est de faire sous tous les rapports « *le plus possible* » pour celui qui rapporte une blessure ou une maladie du champ d'honneur.

Le référent du service de santé est de temps en temps envoyé par l'inspecteur général des étapes pour inspecter les hôpitaux et les établissements qui en dépendent; il a aussi le droit de changer immédiatement les ordres des commandants d'étapes quand ils sont contraires aux principes de l'hygiène, mais il en rend compte. Les hôpitaux envoient fréquemment des rapports sur l'état des malades et sur l'évacuation; le référent doit les étudier.

Les envois de médicaments et de matériel d'hôpital décidés par le référent sont, comme tout le matériel de l'armée, demandés au ministère de la guerre par l'intendance.

Une excellente mesure est l'établissement de ce qu'on appelle des « *maisons de rassemblement* » ou, mieux, « *maisons de repos.* »

Ces maisons tiennent à la fois de la caserne et de l'hôpital; on ne peut en établir que dans les endroits dont les garnisons sont fixes ou exposées à des changements peu rapides. En général, on les établit dans des localités pas trop éloignées de l'armée et au point de réunion de plusieurs routes. La désignation des emplacements appartient à l'inspection générale des étapes, ou plutôt au référent du service de santé, qui exerce la haute surveillance médicale sur tout ce qui se rattache au service médical. La surveillance militaire appartient aux commandants des localités ou aux commandants de troupes.

De même que tout ce qui reluit n'est pas or, de même tous

les soldats, même ceux de la meilleure armée, ne sont pas braves. Les privations, les fatigues, les revers affaiblissent souvent la force morale et la volonté de l'homme. Alors beaucoup de soldats entrent dans les hôpitaux pour être évacués ou se soustraire ainsi d'un seul coup aux dangers et aux fatigues. L'institution des maisons de repos arrête cette tendance; cette question, fort simple d'ailleurs, demande à être traitée d'une manière convenable.

Que chaque convoi de malades venant de l'armée soit visité par des médecins expérimentés et au courant de toutes les ruses et de toutes les finesses des soldats. Ces médecins diviseront les malades en deux catégories : 1° malades devant aller aux hôpitaux; 2° malades devant rester dans les maisons de repos. Un officier s'empare de ces derniers, les loge convenablement, fait renouveler, s'il le faut, leurs vêtements et leur linge; on leur donne une nourriture saine et réconfortante; ils ne se promènent pas, ils s'occupent seulement de nettoyer leurs armes et leurs effets et se reposent. Quand ils sont rétablis, ils font l'exercice deux heures par jour, et c'est merveille de voir avec quelle promptitude des jeunes gens, qui ne sont que momentanément malades, se remettent et redeviennent aptes à servir. Il suffit souvent de quatre à cinq jours, et presque toujours de huit jours de repos. Si, au lieu de se rétablir, le malade va plus mal, on l'envoie à l'hôpital le plus rapproché.

Les maisons de repos établies à Corbeil et soumises à ce régime ont donné d'excellents résultats, grâce surtout aux efforts de l'officier qui commandait les troupes bavaroises de la garnison (major J***) et à l'activité dévouée du jeune officier (Oberlieutenant B. v. R***) chargé de la direction militaire de l'établissement. Nous pouvons donner, comme preuve de cette bonne direction, que du milieu d'octobre à la fin de décembre, près de 7,000 hommes appartenant aux troupes prussiennes et bavaroises de toutes armes, stationnées sous Paris, en sont sortis rétablis et bien portants.

L'auteur ne connaît pas exactement les résultats obtenus après la fin de décembre ; il est probable cependant que le nombre des hommes rétablis dans ces maisons a dû augmenter de plusieurs milliers jusqu'au départ de l'armée.

Aux embranchements des lignes qui conduisent à l'intérieur se trouvent les *commissions d'évacuation;* elles font diriger, d'après les états et les listes de chargement, les blessés et les malades dans différentes directions et sur différents hôpitaux. Il est très-important que le référent du service de santé soit en relation de service avec les commissions d'évacuation, soit pour éviter les encombrements, soit pour faire exécuter lui-même les ordres donnés.

Nous savons déjà que le personnel disponible d'une inspection générale des étapes doit renfermer des médecins ; le référent du service de santé en dispose suivant les besoins, et les emploie dans les étapes, dans les stations de chemins de fer dans lesquelles on embarque ou on arrête les malades, etc., dans les hôpitaux qui n'ont pas assez de médecins pour leurs malades, dans les maisons de repos, dans tous les lieux, en un mot, où il faut des médecins et où on ne peut en avoir d'une autre façon.

Témoignons également notre reconnaissance aux chevaliers de Saint-Jean de Malte, aux infirmiers volontaires, etc., mais ils n'ont pas une organisation suffisante et ont péché par la dispersion et l'isolement. C'est un malheur, pour employer une comparaison, que tant de métal précieux ne soit pas monnayé et ne reçoive pas la place et la valeur que la nature lui assigne. Pendant une guerre, on n'organise que difficilement, faute de temps ; que pendant la paix toutes les institutions soient donc prêtes à fonctionner, et laissons les âmes élevées organiser des sociétés qui, sans contraindre personne, nous permettent de nous rendre compte des bras et du matériel qui nous sont volontairement offerts. En un mot, si le ministère de la guerre sait en temps de paix sur quoi il doit compter, il peut faire une juste répartition de ses moyens entre les inspections générales et les corps d'armée.

Que le référent du service de santé ait le droit de disposer des auxiliaires volontaires ainsi que du matériel fourni par les sociétés et mis à la disposition de l'étape générale par le ministère de la guerre. S'il n'en est pas ainsi, si « l'assistance volontaire, » au lieu de se conformer aux désirs de l'autorité militaire, veut rester un État dans l'État, nous aurons encore, dans la suite, à parer aux mêmes inconvénients qu'en 1870-71. Notre expérience nous fait déplorer cet ordre de choses, car on n'obtient certainement pas les mêmes résultats qu'avec une direction unique.

X. *Référent de l'artillerie.*

Le référent d'artillerie adjoint à l'inspection générale des étapes est chargé d'assurer l'approvisionnement en munitions. Il doit établir des dépôts dans lesquels les munitions, en partie confectionnées, en partie non confectionnées, sont à la disposition du corps d'armée. Quand on peut faire venir les munitions par le chemin de fer, il est bon de placer les magasins près du lieu de déchargement. Le référent a à sa disposition, pour les transports de munitions, quelques colonnes mobiles de munitions ; il s'en sert également pour établir des dépôts intermédiaires et pour les approvisionner, ainsi que le magasin principal. Les corps font leurs demandes de munitions et le référent règle l'approvisionnement. Le référent de l'artillerie doit s'entendre avec le référent du génie, les travaux nécessaires à l'établissement de ses magasins de munitions rentrant essentiellement dans les attributions de ce dernier.

Le référent de l'artillerie est en outre chargé de veiller à l'enlèvement des armes et des trophées des champs de bataille, à leur répartition et à leur transport. Quelquefois cette opération nécessite des travaux considérables, ainsi que l'emploi de beaucoup de voitures et d'hommes. Il est alors chargé de faire les réquisitions nécessaires.

XI. *Employé de la justice.*

Nous remarquons, à propos de l'administration de la justice, dans une inspection générale des étapes, que l'auditeur qui lui est attaché traite d'après les lois de l'état de guerre le personnel de l'inspection et les troupes d'étapes. Toutefois, les jugements sont prononcés par les tribunaux des corps d'armée. Cette organisation est-elle complétement suffisante? A cette question, l'auteur répondra en proposant de faire juger les cas qui se présentent dans le service des étapes par un conseil de guerre qu'il serait facile de prendre dans le personnel de l'inspection, et de donner même aux corps la facilité de réclamer, dans des cas exceptionnels, des jugements par les tribunaux du service des étapes. L'employé de la justice attaché à l'inspection générale a eu, dans la dernière guerre, jusqu'à 14,000 hommes dans son rayon d'action, et ce chiffre pourrait devenir encore plus fort par la suite. Ce nombre est assez grand pour nécessiter la création d'une cour militaire. Il n'est pas tolérable de voir, comme cela est arrivé trop souvent, des actions judiciaires ajournées deux, trois et quatre fois, et chaque fois d'une semaine! De pareils procédés font complétement manquer à la justice militaire le but qu'elle doit atteindre en campagne, et qui est de juger promptement et de chasser les indignes des rangs de l'armée. On ne peut s'en prendre aux corps qui sont astreints à suivre les opérations militaires, et qui ne peuvent en aucune façon laisser arrêter leurs mouvements par des considérations judiciaires; il n'en est pas ainsi de l'inspection générale des étapes, et elle pourrait sans grand inconvénient sacrifier un jour à la justice militaire.

XII. *Référent du service vétérinaire.*

Il dirige principalement les dépôts ou les infirmeries de chevaux; il y en a de deux sortes : dépôts principaux et dépôts secondaires. Ces derniers suivent immédiatement l'armée, et on les établit dans les endroits les plus favorables au rassemblement des animaux malades ou blessés. Les dépôts principaux sont établis plus loin et destinés surtout aux chevaux évacués par les premiers. De même que les hôpitaux, les dépôts de chevaux se remplissent complétement et doivent faire des évacuations; ils commencent alors par les chevaux transportables dont la guérison doit exiger beaucoup de temps. Dans les grandes opérations, au moment des grands mouvements, les dépôts secondaires sont sujets à de fréquents déplacements; il ne faut pas alors songer à guérir complétement les chevaux très-fatigués, parce qu'on manque souvent de fourrages sains et nourrissants.

Ces établissements vétérinaires ont rendu de grands services, surtout à l'armée cantonnée sous Paris, en renvoyant à l'armée, presque sans frais, une grande quantité de chevaux excellents. Les chevaux constituent un matériel coûteux, et la cavalerie surtout doit chercher à conserver ceux avec lesquels elle est entrée en campagne; ils valent toujours mieux que ceux par lesquels on les remplace.

Chaque guerre amène des maladies et des épidémies qui s'abattent sur les hommes et sur les chevaux.

Celles des chevaux proviennent de la mauvaise nourriture; les cas, d'abord isolés, deviennent contagieux.

Les chevaux, les bœufs et les moutons sont sujets à des maladies qui rendent les premiers impropres au service, les autres à la consommation. Ces deux questions sont d'une importance capitale pour une armée, car elle ne peut être forte que si elle a un matériel suffisant et une nourriture substantielle. Le devoir le plus impérieux du référent du service vétérinaire est de donner toute son attention à ces questions, et d'employer tous les moyens susceptibles d'empêcher les maladies ou de restreindre leurs effets. Qu'on n'exige pas trop d'un seul homme; on peut, comme cela a été fait dans la dernière guerre, prendre toutes les précautions possibles, on peut faire abattre des milliers d'animaux malades; tout cela est insuffisant si la commission d'achat ou les fournisseurs continuent à envoyer des animaux malades, et l'armée est encore exposée à souffrir de la faim, en admettant que les dépenses n'aient pas été exagérées et que les marchés aient été rigoureusement observés.

On a commis encore cette fois la faute d'aller chercher trop loin, en Russie et en Pologne, les bestiaux destinés à l'alimentation des troupes.

Ces deux pays ne sont jamais complétement débarrassés de la peste bovine; il est du moins difficile de le constater, et encore plus de le croire. L'économie de quelques copecks qu'on a faite ainsi a été largement compensée. On a ainsi introduit la peste bovine dans nos belles contrées, si riches en bestiaux, et elles n'oublieront pas de longtemps ceux à qui elles sont redevables de cet hôte agréable. Le malheur qui nous est arrivé doit nous rendre plus prudents à l'avenir.

Nous avons été plus heureux en 1870-71 pour les chevaux et les moutons. Les premiers ont été cependant en grand danger (lorsque après Sedan on employa dans l'armée beaucoup de chevaux pris à l'armée française et atteints de la morve); on en fut heureusement quitte pour des pertes peu considérables.

XIII. *Commissaire civil.*

Nous avons déjà parlé plusieurs fois de l'importance des fonctions des employés supérieurs de l'administration en pays ennemi. On a essayé, en 1870-71, d'administrer les pays occupés, et on a en partie mis ce projet à exécution; mais l'auteur est d'avis que ces corps d'administration, pourvus de têtes et de pieds, n'avaient pas les bras, qui sont cependant les agents de la force et de l'action. Pourquoi a-t-on été avare d'employés pour l'administration civile, quand on en était prodigue pour les autres services?

Quelque paradoxale que puisse paraître son opinion, l'auteur estime que dans les guerres rapides de nos jours, les employés civils sont aussi indispensables que les éclaireurs et les télégraphes.

Il est impossible de réglementer les fonctions de ces employés et la manière dont ils doivent les remplir. Ils doivent surtout s'appliquer à rassembler les fils dispersés de l'administration, prendre toutes les mesures propres à faire renaître la confiance autant que les circonstances le permettent, et servir d'intermédiaires entre les populations ennemies et l'autorité militaire.

Cette position exige non-seulement des connaissances positives, mais encore de l'expérience et du tact. Qu'on choisisse donc ces employés avec soin, qu'ils ne soient ni trop jeunes ni de rang trop inférieur, car l'autorité qu'ils représentent ne pourrait qu'en souffrir.

Quand l'armée marche en avant, l'installation des employés civils doit suivre immédiatement l'occupation. L'étendue des circonscriptions est déterminée en partie par la nature du pays, en partie par l'esprit de la population; elle ne doit généralement pas dépasser cent lieues carrées; au delà de cette limite, l'action administrative deviendrait trop lente.

Les employés de chaque province ressortent d'une autorité supérieure qu'on peut appeler gouvernement général, et qui dépend du commandement de l'armée.

Quelques personnes reprochent à ce système administratif d'exiger un trop grand nombre d'employés. Nous pouvons leur répondre que le déplacement momentané de quelques bons employés n'est qu'une bagatelle pour notre empire allemand, et ne risque nullement de déranger notre machine; du reste, on ne saurait payer trop cher les avantages que l'armée peut retirer de ce système.

L'employé civil attaché à l'inspection générale des étapes la représente dans toutes les affaires qui sont de son ressort, et sert de lien entre le ministère de l'intérieur et les commissaires civils établis en pays ennemi.

L'inspection générale doit posséder un nombre suffisant d'employés civils, mais elle n'en dispose que sur la réquisition du commandement supérieur de l'armée; celui-ci forme également de tous les petits cercles administratifs un corps plus considérable, subordonné exclusivement à une autorité civile centrale. Les commissaires civils établis en pays étranger doivent toutefois obéir aux réquisitions de ceux de l'inspection générale des étapes. Nous avons déjà parlé, au chapitre des subsistances et des parcs, des attributions les plus importantes des commissaires civils.

XIV. *Service des postes dans les étapes.*

La facilité et l'exactitude avec lesquelles l'administration des postes fait son service dépendent de l'usage qu'elle peut faire des chemins de fer. Plus les chemins de fer vont près de l'armée, moins il faut de temps et de mouvement pour l'exécution des opérations de détail.

Le transport de l'intérieur à l'extrémité du chemin de fer est sans doute l'affaire des autorités nationales; mais à partir de ce point, c'est celle de l'inspection générale des étapes (de son référent du service des postes).

Notre poste de campagne n'était pas mauvaise dans la dernière guerre, mais on pouvait lui reprocher des vices d'organisation sans lesquels elle aurait fonctionné beaucoup mieux.

Quand on veut avoir une bonne poste de campagne, il ne faut pas marchander quelques voitures et quelques chevaux. C'est un service qui doit, comme tous les autres, être prêt à fonctionner au commencement de la guerre, et l'on ne doit pas attendre l'entrée en campagne pour l'organiser lentement et péniblement. Il fait partie du plan de mobilisation.

Fort heureusement, la chose a marché tant bien que mal, et nos deux pigeons voyageurs n'ont pas autant souffert des vautours qu'on pourrait le croire d'après les exemples suivants :

A la fin du mois d'août, l'auteur a rencontré dans les environs de Nancy deux vieux omnibus à moitié cassés, escortés par un seul gendarme et attelés de chevaux à demi morts de fatigue ; ils ne pouvaient plus marcher et il a dû leur procurer immédiatement des attelages frais. Ces deux vieilles machines renfermaient, outre un nombre considérable de lettres et de paquets, une somme de 225,000 florins.

Une autre fois, il a rencontré un convoi de dix à douze voitures de paysans, à deux chevaux, conduites par des Français et escortées par trois ou quatre hommes de la landwehr qui avaient traversé toutes les Vosges jusqu'au delà de Ligny ; ces voitures portaient des sacs d'argent d'une valeur de plusieurs centaines de mille écus.

Qui aurait pu empêcher une bande composée seulement de quelques hommes hardis de s'emparer de ce convoi?

Nous voulons simplement prouver par ces exemples que l'organisation de notre poste de campagne laisse encore beaucoup à désirer, et qu'on doit la comprendre d'une autre façon si l'on veut éviter de grands dommages et satisfaire à toutes les obligations du service.

Nous avons déjà dit que les employés des postes attachés à l'inspection générale des étapes devaient s'occuper des transports postaux entre la tête de la ligne ferrée et l'armée. Il résulte de là que les corps d'armée doivent se conformer, pour tout ce qui regarde le service de la poste, aux décisions du service des étapes, qui a toujours action sur les employés des postes attachés à ces corps.

Le service des étapes doit ordonner toutes les mesures générales relatives au matériel des postes (voitures, chevaux, etc...).

L'armée ne peut employer ses voitures de poste qu'à de petites distances ; il faut donc être constamment en communication avec elles ; ce ne sera pas trop difficile si le matériel et le personnel sont suffisants.

Nous nous bornerons toutefois à répéter que ce service exige des dépenses considérables.

Le référent de l'étape générale est directeur des postes ; il n'a pas à s'occuper de la pratique du service, mais il doit donner des instructions générales et s'assurer de la possibilité de leur exécution en passant lui-même des inspections ou en en faisant passer par ses délégués. Il a sous ses ordres le personnel entier des postes.

Il faut donc pour cet emploi un employé des postes instruit et distingué, possédant de nombreuses connaissances théoriques et pratiques. Il est également à désirer que les ministères avec lesquels il est en relation veuillent bien, sans trop de difficultés, acquiescer à ses demandes ; on évitera ainsi de fâcheux retards ; enfin, on doit admettre qu'un chef de service capable et connaissant la pratique de son métier ne demandera que les choses qu'il croira nécessaires.

XV. *Étapes sur les routes et les chemins de fer.*

Une armée qui opère a besoin d'assurer ses derrières et de maintenir ses communications avec son pays ou avec ses dépôts si elle n'a pas franchi la frontière ; elle doit, à cet effet, occuper des points situés à une certaine distance l'un de l'autre ; ces points prennent, suivant leur position par rapport aux grandes voies de communication, les noms d'étapes de terre (étapes sur les routes) ou d'étapes de chemins de fer.

Les étapes de terre sont généralement de six à neuf heures de distance les unes des autres, c'est-à-dire à une journée de marche d'infanterie. Les commandements d'étapes des chemins de fer se trouvent aux points de départ et d'arrivée, aux stations qui doivent assurer l'alimentation des troupes en route et aux endroits particulièrement importants pour l'alimentation de l'armée.

Le personnel d'une étape de terre ou de chemin de fer est proportionné à son importance, c'est-à-dire aux affaires qu'il peut avoir à traiter ; il se compose généralement d'un commandant d'étape de terre, d'un adjudant et d'un secrétaire. Les étapes des lignes de chemins de fer doivent généralement avoir un officier, un secrétaire ; comme elles ont deux services à faire, l'un à la gare, l'autre dans la garnison, il leur faut en outre un ou deux employés. Quand un commandement d'étape possède des magasins, il doit encore avoir un nombre suffisant d'employés.

Les commandements d'étapes relèvent directement de l'inspection générale, suivent l'impulsion qu'elle leur donne et lui rendent compte de tout ce qui peut arriver d'extraordinaire.

Néanmoins ils peuvent recevoir des ordres directs du commandement de l'armée et des réquisitions des autorités civiles ; ils doivent toujours en informer la direction générale des étapes.

Chaque commandant d'étape doit chercher à simplifier le plus possible son travail, éviter toutes les écritures qui ne sont pas indispensables, tenir aussi peu de livres et de registres que possible, pourvu qu'ils soient à jour, se montrer, suivant les circonstances, prudent et énergique, ne jamais se laisser aveugler par les amitiés et les prévenances des autorités locales ennemies, et marcher toujours droit à son but, en négligeant des avances, qui ne sont souvent destinées qu'à cacher l'hostilité.

Il rencontrera plus souvent la résistance que la bonne volonté ; si la force peut briser la résistance ouverte, elle ne peut rien contre la perfidie et l'inertie : qu'il ait donc mille yeux et mille oreilles et qu'il ne s'écarte jamais du droit et du devoir.

L'auteur connaît beaucoup de règlements et de traités sur le service des étapes ; tous omettent la chose essentielle, c'est-à-dire la manière dont le commandant d'une étape nouvellement établie doit s'y prendre pour se rendre maître de la situation et pour agir dans le plus grand intérêt de l'armée.

Il doit tout d'abord chercher à connaître l'importance statistique et sociale, l'esprit et les ressources de l'endroit où il réside ; il doit faire ensuite le même travail pour toutes les localités qui appartiennent à son cercle d'étape, connaître leurs ressources et régler sur ces données ses combinaisons futures. Les autorités locales sont ses agents naturels. Si, en pays ennemi, un membre ou un chef d'une autorité locale lui est hostile, s'il peut en résulter des inconvénients pour son service, il le destitue et le remplace par un autre habitant ou par un officier ; il peut même, le cas échéant, le faire emprisonner. Cependant il doit être prudent et circonspect, car il pourrait ainsi aggraver la situation au lieu de l'améliorer.

Afin de prévenir les abus de pouvoir, les autorités locales n'obéissent, pour les réquisitions et les contributions, qu'aux ordres écrits du commandant de l'étape.

L'étape s'entend avec les autorités locales pour le service des cantonnements. En cas de difficultés, on cherche à améliorer la position en établissant des abris provisoires pour les hommes et les animaux. Chaque pas fait dans cette voie amène une économie de matériel. Il en est de même des hôpitaux et des dépôts de chevaux, auxquels on doit donner des soins tout particuliers.

La solution de ces questions spéciales dépend des circonstances et du sens pratique du commandant. Les ressources diffèrent suivant les lieux, et aucun ne possède toutes les ressources qu'on peut désirer; aucun ne donne volontairement de l'argent ou un matériel de quelque valeur; mais l'énergie, jointe à la modération, vient à bout d'une foule de difficultés.

Les troupes dont dispose l'inspection générale sont destinées à la protéger et à sauvegarder son autorité.

Ordinairement, les commandants d'étapes de chemins de fer sont en même temps commandants d'étapes de terre, c'est-à-dire qu'ils réunissent les deux services. Cependant il arrive, bien que rarement, qu'une étape de chemin de fer se trouve à un endroit que les troupes et le matériel qui voyagent par les routes ne font que traverser. En général, ces stations sont aussi très-importantes pour les évacuations, les magasins et les cantonnements de repos (séjours).

On ne peut exiger du commandant d'une étape de chemin de fer qu'il dirige les mouvements et la marche des trains, mais il doit veiller à ce qu'on ne laisse pas, par négligence, des voitures sur la voie, à ce qu'on n'oublie pas le matériel appartenant à l'armée, etc.

Il doit ainsi éviter tout ce qui peut être préjudiciable à l'armée. Les distributions de vivres aux troupes en voyage, aux malades ou aux blessés évacués se font souvent dans les étapes. Qu'on n'épargne ni le temps ni l'argent pour que cette partie du service s'exécute tout particulièrement bien. Rien ne démoralise plus les jeunes troupes que des distributions insuffisantes ou de mauvaise qualité. En somme, il n'y a pas eu trop à se plaindre à ce sujet pendant la guerre avec la France, mais il a fallu trop de temps pour organiser et assembler ces différents rouages ; les blessés, les malades et les soldats, qui passaient des jours entiers en chemin de fer, pouvaient, à bon droit, exprimer le désir de recevoir une nourriture saine et réconfortante.

L'existence d'un gîte d'étape doit se manifester à distance.

Qu'on se souvienne que des milliers de personnes ne connaissent ni les routes ni les sentiers ; que les poteaux indicateurs, etc., sont rares en pays ennemi, et que beaucoup de militaires sont obligés, pour connaître leur direction ultérieure, de se rendre au commandement d'étape par le plus court chemin.

Les mêmes raisons exigent qu'on choisisse avec soin l'emplacement des bureaux d'une étape de terre ; le commandement d'une étape de chemin de fer se trouvera habituellement à la gare.

L'inspection générale des étapes doit pourvoir chaque commandement d'un état très-exact ou d'un plan de l'emplacement des troupes de l'armée; il ne serait pas possible, sans ces renseignements, de diriger sur leurs corps les militaires en route. Ces listes sont plus nécessaires que les ordonnances, les feuilles ministérielles, etc., qui ne servent qu'à faire des tas de papiers; si l'on veut, du reste, se conformer strictement à ces ordonnances, on est forcé souvent de s'écarter des règles dictées par le sens pratique.

Chaque étape doit également connaître très-exactement la force et la position des autres étapes, et communiquer avec les plus voisines par le télégraphe ou par des cavaliers fournis par la cavalerie des étapes.

Naturellement, chaque commandement doit informer de tout ce qui est relatif au service courant (passage de grands convois de prisonniers, renforts en hommes et en matériel, etc.), non-seulement l'inspection générale des étapes, mais encore les étapes les plus rapprochées.

Nous avons déjà parlé plusieurs fois, dans les chapitres précédents, du mode d'action d'un commandant d'étape : la nature de ce service ne nous permet de donner à ce sujet que des principes généraux; mais le choix des moyens d'exécution, la mise en œuvre des ressources sont laissés à l'intelligence et à l'initiative de chacun.

OBSERVATION FINALE

Les questions que nous venons de traiter montrent l'importance de la matière; loin d'avoir épuisé le sujet, nous l'avons à peine esquissé. Du reste, nous ne pouvions le traiter complétement, car les cas sont si nombreux, les circonstances si différentes, leur influence sur la marche des choses si variable, qu'on ne peut que donner des aperçus généraux.

L'auteur appartient à l'armée bavaroise, et c'est naturellement dans le service bavarois des étapes qu'il a été puiser des renseignements qu'il pouvait plus facilement trouver et comprendre. Cependant sa position pendant la dernière guerre lui a également permis de se faire une idée du service d'étapes de l'Allemagne du Nord.

Tous les établissements attachés aux étapes étaient certainement nécessaires, et ils le seront encore dans la prochaine guerre. Dans les guerres que l'Allemagne fera à l'avenir, l'armée bavaroise figurera probablement comme partie d'un tout plus considérable, et l'on peut se demander s'il sera bon, dans la pratique, de lui donner un service d'étapes particulier. Dans ce cas, il suffirait d'un service central disposant d'un nombre d'officiers, d'employés, de troupes, etc., proportionné à la force de l'armée. L'unité d'action et la répartition des ordres ne pourront qu'y gagner.

TABLE

	Pages
INTRODUCTION	5
PERSONNEL	7
I. Personnel d'une inspection générale des étapes	7
II. Personnel des commandements subordonnés à l'inspection générale des étapes	10
III. Troupes d'étapes	16
SERVICE DE L'INSPECTION GÉNÉRALE DES ÉTAPES	18
I. Inspection générale des étapes	18
II. Officier de l'état-major général	20
III. Adjudant	20
IV. Officier d'ordonnance	20
V. Intendance	20
VI. Référent du génie	26
VII. Employés supérieurs des télégraphes	26
VIII. Employés supérieurs des chemins de fer	26
IX. Référent du service de santé	27
X. Référent de l'artillerie	33
XI. Employé de la justice	34
XII. Référent du service vétérinaire	35
XIII. Commissaire civil	37
XIV. Service des postes dans les étapes	38
XV. Étapes sur les routes et les chemins de fer	41
OBSERVATION FINALE	45

Paris, imp. H. Carion, 64, rue Bonaparte.

www.ingramcontent.com/pod-product-compliance
Lightning Source LLC
Chambersburg PA
CBHW060942050426
42453CB00009B/1109